BEI GRIN MACHT SICH IHR WISSEN BEZAHLT

Ramona Schilling

Ehekonflikte in Theodor Fontanes Ehebruchromanen

GRIN Verlag

Bibliografische Information der Deutschen Nationalbibliothek:

Die Deutsche Bibliothek verzeichnet diese Publikation in der Deutschen National-
bibliografie; detaillierte bibliografische Daten sind im Internet über http://dnb.d-
nb.de/ abrufbar.

Impressum:

Copyright © 2013 GRIN Verlag GmbH
Druck und Bindung: Books on Demand GmbH, Norderstedt Germany
ISBN: 978-3-656-71247-3

Dieses Buch bei GRIN:

http://www.grin.com/de/e-book/278543/ehekonflikte-in-theodor-fontanes-ehe-
bruchromanen

GRIN - Your knowledge has value

Der GRIN Verlag publiziert seit 1998 wissenschaftliche Arbeiten von Studenten, Hochschullehrern und anderen Akademikern als eBook und gedrucktes Buch. Die Verlagswebsite www.grin.com ist die ideale Plattform zur Veröffentlichung von Hausarbeiten, Abschlussarbeiten, wissenschaftlichen Aufsätzen, Dissertationen und Fachbüchern.

Besuchen Sie uns im Internet:

http://www.grin.com/

http://www.facebook.com/grincom

http://www.twitter.com/grin_com

Ehekonflikte in Theodor Fontanes Ehebruchromanen

Allgemeines

- Ehebruch entsteht immer aus tiefgreifenden, unbewussten, <u>inneren Vorgängen</u> der Protagonisten --> wirklichkeitsnahe psychologische Figurenzeichnung und Plausibiltät des Geschehens durch Fontane
- Affäre ist <u>Flucht</u> aus dem gesellschaftlichen Rollenkorsett und die Sehnsucht nach persönlicher Erfüllung
- Darstellung von <u>Durchschnittsmenschen</u>, die durch Verkettung von Umständen in den Ausnahmefall Ehebruch hineingeraten
- Ehebruch durch inkompatible Persönlichkeitsstrukturen der Ehepartner und <u>fehlerhafte Kommunikation</u> zwischen den Eheleuten --> harmonisches Zusammenleben braucht auch Meinungsverschiedenheiten, wenn keine Aussprache mehr stattfindet, sondern Verschwiegenheit oder Geplauder die Probleme überdeckt geschieht der Ehebruch
- Fontanes <u>Frauengestalten</u> sind menschlich natürlich, weil ihr Ehebruch gegen Frömmigkeit und Sittlichkeit verstößt und daher natürliche Schwäche zeigt
- <u>Sexualität</u> kein Thema in der gesellschaftlichen Öffentlichkeit, weibliche Sexualität droht die Familie und ideale bürgerliche Welt zu zerstören

Vergleichendes

- eheliche Vorgeschichte wird bei Graf Petöfy und Effi Briest beleuchtet, bei l'Adultera und Unwiederbringlich sind sie bereits verheiratet zu Beginn des Romans
- Verbindung bei Graf Petöfy und bei Effi Briest erscheint von anfang an problematisch, die Ehe in l'Adultera und Unwiederbringlich wird als zunächst glücklich dargestellt
- Affäre von Franziska und Effis bleiben Episoden, während Melanie und Holk versuchen die ehebrecherische Verbindung zu legalisieren
- in L'Adultera, Graf Petöfy und Effi Briest zeigt sich die eheliche Problematik bei solchen Ehen, die aus wirtschaftlichen, gesellschaftlichen oder familienpolitischen Gründen geschlossen wurden und die Ehepartner in Stand, Konfession, Politik, Bildung und Besitz unterschiedlich sind
- Unwiederbringlich zeigt, dass auch eine aus Liebe geschlossene Ehe durch solche Unterschiede kaputt gehen kann
- Ehebruch
  - Melanie will nicht länger von van der Straaten in ein typisches weibliches Rollenmodell gesteckt werden, sondern als eigenes Individuum respektiert werden
  - Franziska bemerkt, dass sie als Schauspielerin nicht eine ganze Ehe schauspielern kann und sie so ihre Identität verliert
  - Holks Leidenschaft kann durch eine Frau mit männlichen Attributen nicht gestillt werden
  - Effi bemerkt, dass der adlige Spukstolz nur eine erzieherische Maßnahme ist, um sie für seine Karriere zu instrumentalisieren

--> wollen alle ihre Identität wiederfinden

Eheverständnis

juristische Behandlung von Ehe, Ehebruch und Scheidung im 19. Jahrhundert

- bis ins 20. Jahrhundert war Ehe in Adelskreisen ein Instrument der Familienpolitik --> Ziel: Sicherung des Geschlechts und Erbes durch männliche Nachkommen, Vermehrung des Besitzes oder des Vermögens, gesellschaftlicher Aufstieg --> Emotionen spielen untergeordnete Rolle
- ab der ersten Hälfte des 19. Jahrhunderts im Bildungsbürgertum zwar auch Liebesheirat und juristische Gleichstellung von Mann und Frau, außerdem wird Ehe von einer religiösen zu einer staatlichen Institution, ändert aber an den Umständen nicht viel --> Leidenschaft spielt keine Rolle in arrangierten Ehen, da sie sowieso als sündhaft gilt
- Sexualität nur in der Ehe legitim und auch nur um Kinder zu zeugen und Ehebruch zu vermeiden
- Ehebruch wird als Angriff auf den Staat gesehen und gesetzlich geahndet, da die Ehe während der Gründerzeit als Grundpfeiler der Gesellschaft gesehen wurde --> Frauen werden härter bestraft, da sie die Reputation des Mannes zerstören
- Mann kann seine verlorene Ehre durch Suizid, Duell mit dem Rivalen oder Hinnehmen des Unglücks wiederherstellen, Frau hat keine Möglichkeit
- Ehescheidungsgesetz Mitte 19. Jahrhundert in Preußen:
  - → Nur der Ehemann durfte die Scheidung bei Ehebruch einreichen, die Frau nicht
  - → Aufnahme: Ehebruch des Mannes geschah im eigenen Haus
  - → Zeigt, dass Geschlechter nicht gleichgestellt sind
  - → Begründung: Einziger richtiger „Job" war die Rolle der Gattin und Mutter
- Frauen galten wegen ihrer schwächeren Vernunft und stärkeren Leidenschaft einfacher zu verführen --> Widerspruch: Frau ist voller Leidenschaft, andererseits steht sie für Sittlichkeit
  - → Fontane nimmt diese Thematik immer wieder in seine Charaktere auf (Chrinstine)
- Ehemann hatte die Frau unter Kontrolle, er bestimmte alles vom Geld bis zur Bildung der Kinder, aus der Autorität des Vaters hin zum Ehemann, Mann vertritt die Familie in der Öffentlichkeit --> ist der Namensgeber
- alleinstehende Frau war Mitte 19.Jahrhundert sozial und ökonomisch nicht überlebensfähig → musste schnell wieder heiraten

Ehebruch

- Effi und Franziska haben Angst, vor der Aufdeckung ihres Ehebruchs, weil sie wissen, dass die Gesellschaft sie dafür bestrafen wird
  - – Franziska: Lied von Gärtner Toldy über Ehebrecherin, die als lebende Fackel verbrannt wurde
  - – Effi: Crampas erzählt ihr ein Gedicht von Heine, bei dem Pedro der Grausame den Liebhaber seiner Frau enthaupten lässt, Dienstmädchen Roswitha entgeht nur knapp dem glühenden Schmiedeeisen ihres Vaters und muss ihr Kind in

einer Scheune zu Welt bringen und von ihrem Kind getrennt als
Dienstmädchen leben, Effis Vater entlässt den landwirtschaftlichen Inspektor,
weil er eine Liebschaft mit der Gärtnersfrau hat und zwar weil der
gesellschaftliche Kodex das verlangt
- Melanie: Dienerin erzählt ihr eine Geschichte, die ihrer eigenen gleicht -->
Ehebruch kann dort durch eine Kur geheilt werden --> trotzdem auch
gesellschaftlicher Ausschluss
- Holk: männliche Ehebrecher haben keine so scharfen Sanktionen zu befürchten
--> ist Gelegenheit für ihn, seine Männlichkeit unter Beweis zu stellen
- Gründerzeit zeigt sich zwar säkularisiert, trotzdem basiert eheliche Vorstellung noch
auf den theologischen Grundsätzen des Mittelalter und Monogamie ist deswegen
äußerst wichtig in der Ehe --> Ehebrecher verstoßen gegen das sechste Gebot
- Ehebruch ist meist ein "Hinein gleiten" --> Effi mit dem Schlitten, Melanie fragt sich
im Boot "wohin treiben wir"
- Ehebruch findet außerhalb der Gesellschaft und im Bereich der Natur statt -->
Durchbruch einer Naturgewalt, die mit den gesellschaftlichen Konventionen nicht
vereinbar ist

Ehebruch als Krankheit

- ehebrechenden Figuren zeigen vor. während und nach dem erotischen Fehltritt
krankhafte Symptome
- Krankheit ist Hysterie --> eine kulturelles Phänomen im ausgehenden 19. Jahrhundert,
das vor allem gelangweilte und kinderlose Frauen, Witwen, alte Jungfern, unglücklich
verheiratete Frauen aus Adel und Bürgertum und selten auch Männer trifft
- Auslöser werden in einer pathologischen Störung des weiblichen Genitalsystems oder
einer erhöhten Reizbarkeit des weiblichen Nervensystems vermutet --> vor allem
psychische Ursache
- Symptome: Kopf-, Rücken. oder Unterleibsschmerzen, Lähmungen, kolikartigen
Anfällen, Atemnot, innere Unruhe, apathische Furcht bis zur Ohnmacht, Wein- und
Schreikrämpfe, Stimmungswechseln, Neigung zur Übertreibung
- Melanie:
  - ist auf der Landpartie erst ganz heißt und dann plötzlich kalt --> Fieberanfall
  - ist erst seit dem ersten Zusammentreffen mit Rubehn anfällig, davor immer
  gesund
  - hat Kopfweh nach dem Ehebruch
  - ist an Weihnachten "blaß und angegriffen" und wirkt als hätte sie geweint
  - ihr wird schwindelig --> ist schwanger
  - "Sie lag leidend und abgehärmt, uneins mit sich und der Welt, auf dem Sofa
  und las ein Buch, und wenn sie's gelesen hatte, so durchblätterte sie's wieder,
  um sich einigermaßen zurückzurufen, was sie gelesen. Ihre Gedanken
  schweiften ab. Rubehn kam, um nach ihr zu fragen, aber sie nahm ihn nicht an
  und grollte mit ihm, wie mit jedem. Und ihr wurde nur leichter ums Herz,
  wenn sie weinen konnte. Sie war reizbar, heftig, bitter"

- "Sie schrak zusammen und geriet in ein nervöses Zittern, wenn sie von fern her seinen Schritt auf dem Korridore hörte. Was wollte er? Um was kam er= Und dann war es ihr, als müsse sie fliehen und aus dem Fenster springen" --> suizidale Phantasien
- Heilung von ihrer Krankheit nur, wenn sie der Ehe mit van der Straaten entfliehen kann

- Franziska
  - hat schon vor der Ehe mit Petöfy hysterische Anwandlungen
  - "nervöses Fieber" und "apathischer Dämmerzustand" nach dem ersten Zusammentreffen mit dem Grafen
  - ist viele Wochen lang krank und muss deswegen zur Kur --> wirft das Egon halb vor, als dieser danach fragt --> verbreitete Theorie, dass Hysterie von Frauen inszeniert wurde, um Aufmerksamkeit zu erhalten
  - auf der einen Seite hat sie den gesellschaftlichen Ehrgeiz einen viel älteren Mann zu heiraten, auf der anderen Seite sehnt sie sich nach Leidenschaft
  - wird ohnmächtig nachdem das Boot endlich an Land ist --> hysterischer Anfall, bei dem sie sich in den Sand wirft und weint

- Holk
  - hat weibliche und krankhafte Eigenschaften --> schwankend und wandelbar
  - in Kopenhagen hat er Schlafstörungen und Angstträume
  - nach dem Ehebruch hat er wieder Schlafprobleme und Kopfschmerzen und "fühlt, daß seine Nerven zu versagen drohen und daß er in Krankheit oder geistige Störung fallen würde, wenn es ihm nicht gelänge, das, was er gestern vergeblich in die rechten Wege zu leiten gesucht hatte, noch zum Abschluß zu bringen."

- Effi
  - fällt "in ein nervöses Zittern" als Innstetten zum ersten Mal da ist
  - "Ich habe solche Sehnsucht und ich habe solche Angst" --> hysterische Stimmungsschwankungen
  - selbst in hochschwangerem Zustand muss sie in die Natur, auch wenn es extrem heiß ist --> braucht Abwechslung
  - verdrängt ihre Gefühle, weil sie weiß, dass Innstetten es nicht mag, wenn sie ängstlich ist --> führt erstrecht zu einer krankhaften Störung
  - wird beim Ehebruch fast ohnmächtig
  - "Effi sagte kein Wort, und nur ihre Augen wurden immer größer; um ihre Mundwinkel war ein nervöses Zucken, und ihr ganzer zarter Körper zitterte. Mit einem Male aber glitt sie von ihrem Sitz vor Innstetten nieder, umklammerte seine Knie und sagte in einem Tone, wie wenn sie betete: "Gott sei Dank!" --> als Innstetten ihr mitteilt, dass sie nach Berlin umziehen und sie der Situation mit Crampas so entgeht --> hysterischer Anfall

Konsequenzen des Ehebruchs

- Melanie und Holk flüchten aus der Heimat nach Mittel- und Südeuropa --> einerseits, um der gesellschaftlichen Probleme zu entgehen und um ihr nacheheliches Selbst zu finden
- Melanie
  - kann sich aus der unglücklichen Ehe mit van der Straaten lösen, weil sie an der Rechtmäßigkeit ihres Vorhabens nicht zweifelt und keine Schuldgefühle hat -- > "Ich will fort, nicht aus Schuld, sondern aus Stolz, und will fort, um mich vor mir selber wieder herzustellen."; "Ich will den Kopf wieder hochhalten und mich wieder fühlen lernen" --> Melanie weiß, dass es Gerede geben wird, aber sie möchte dem Versteckspiel ein Ende machen, um sich von den gesellschaftlichen Konventionen zu befreien
  - zunächst geht es ihr bei der Italienreise sehr schlecht, sie ist krank, weil sie ihre neue Identität noch nicht gefunden hat --> erst in Venedig, wo der original Tintoretto ausgestellt ist und als ein deutscher Arzt ihr rät wieder in die Gesellschaft zurückzukehren geht es ihr besser, auch wenn sie zuhause von einigen Menschen ignoriert wird, wie auch von ihren Kindern --> Melanies neue Identität macht sich dann bemerkbar, als Rubehn pleite geht und Melanie arbeiten gehen muss, was sie gerne tut
- Holk
  - Holk verliert durch den Ehebruch seine weiblichen Attribute wie Unsicherheit und Hysterie nicht wieder --> glaubt, nur durch eine Scheidung von Christine sich besser zu fühlen und indem er Ebba heiratet
  - Abschiedsgespräch zeigt noch einmal Holks und Christines Kommunikationsprobleme --> Christines Dogmenstrenge und Holks Unentschlossenheit; Christine unternimmt nicht den Versuch Holk zum Bleiben zu überreden (wie van der Straaten)
  - Holk geht es aber nicht besser, er hat "widerstreitende Empfindungen" und geht nervös im Zimmer auf und ab, ist selbst nicht von der Rechtmäßigkeit seiner Scheidung überzeugt (Melanie schon)
  - Holks Identitätsfindung scheitert schon daran, dass Ebba seinen Antrag zurückweist und die glückliche Zukunft, die er sich mit ihr erträumt hat nie zustande kommt
  - macht die geplante Hochzeitsreise alleine und merkt dabei, dass er sich wieder zurück nach Christine und ihrer gemeinsamen Lebensart sehnt --> "das ödeste Daheim ist immer noch besser als das wechselvolle Draußen"
  - Holk gelingt es nicht, eine neue Identität aufzubauen, sondern er flüchtet in die Alte zurück
  - nach der erneuten Verheiratung mit Christine versuchen beide so sehr heikle Themen zu vermeiden, dass es zu überhaupt keinen Gesprächen mehr kommt und die Situation nur noch schlimmer ist, als vor dem Ehebruch
- Franziska
  - Kommunikationsprobleme bei den Petöfys --> sie plaudern immer nur, anstatt sich über wirklich Wichtiges zu unterhalten

- Franziska hat Angst, dass ihr Ehebruch herauskommt und hält deswegen Abstand von Egon und versucht eine gute Frau für Petöfy zu sein
- Petöfy realisiert den Ehebruch, als sich Egon beim Weinflasche Öffnen verletzt und unter seinem Ring ein kleiner Ring zum Vorschein kommt, der Franziska gehört --> Petöfy denkt, dass seine Existenz dem glücklichen Leben von Franziska und Egon im Wege steht und begeht Selbstmord
- Franziska möchte keine neue Identität an der Seite ihres Liebhabers, sondern wird als Witwe zu einer verantwortungsvollen Gräfin, die ab jetzt Entsagung übt und zum Katholizismus konvertiert

- Effi
  - Effi hofft, dass ihr Ehebruch durch ihre Übersiedelung nach Berlin nicht publik wird
  - (wie auch bei Petöfy der Ring) offenbaren Indizien und nicht Gespräche den Ehebruch --> Innstetten findet sieben Jahre später Briefe von Crampas und Effi
  - Innstetten kommuniziert nur noch über ihre Mutter mit ihr
  - Crampas stirbt bei einem Duell mit Innstetten und Effi wird schwer krank --> sie weiß nicht mehr weiter und wünscht sich wieder in ihr Elternhaus zurückkehren zu können, was von ihrer Mutter mit Hinweis auf die gesellschaftlichen Konventionen abgelehnt wird
  - hat eine gestörte Mutter-Tochter-Bindung zu Annie

L' Adultera

junge Genferin Melanie de Caparoux lebt in eintöniger Ehe mit dem älteren Berliner Kommerzienrat Ezechiel van der Straaten, sehnt sich nach Abwechslung, Leidenschaft und Verständnis. zunächst heimliche Verbindung zu Frankfurter Patriziersohn Ebenezer Rubehn, legitimiert später diese Verbindung gesellschaftlich durch Heirat und lebt als emanzipierte Frau weiter

Ehe

- keine komplett arrangierte Ehe → sind sich nicht abgeneigt, ist aber auch keine vollkommene Liebesheirat; finanzielle Gründe spielen auch eine große Rolle, Ehe zu beiderseitigem Vorteil: adlige Familie von Melanie rettet sich durch neues Vermögen und neue Perspektiven und Van der Straaten findet eine junge, hübsche Frau, die zum Glück auch noch adelig ist, was ihm auch Vorteile bringen kann
- van der Straaten sieht Melanies Individualität nicht, genau wie er von Bildern immer nur Kopien kauft, ist Melanie für ihn äußerlich gesehen eine typische Frau, die zu ihm passt
- Probleme zwischen Melanie und van der Straaten deutet sich in den Charakterisierungen und dem Altersunterschied schon an
- letzter Satz des ersten Kapitels: *Aber während die Augen der Mutter immer lachten, waren die der Tochter ernst und schwermütig, als sähen sie in die Zukunft*
- Melanie erscheint fast als Besitz ihres Mannes, als Vorzeigeobjekt
- wohnen in den Sommermonaten getrennt, sie in der Tiergartenvilla und er kommt jeden dritten Tag zu Besuch

Melanie de Caparoux

- verarmter Adel
- Name "de Caparoux" bedeutet Rotkäppchen --> Melanie lebt wie eine Prinzessin im Märchen, wandelt in ihrem Zaubergarten, doch eigentlich hat sie den Wunsch nach Natürlichkeit, liebt die Parkeinsamkeit der Tiergartenvilla im Sommer, beobachtet fasziniert das einfache Leben auf der Straße und empfindet Sehnsucht, wenn sie Schneeflocken steigen und fallen sieht
- Schneeflocken sind Symbol dafür, dass Melanie aus den geordneten Verhältnissen ausbrechen will
- rote Mohnblumen im Bild deuten auf ihr Verlangen nach Liebe und Leidenschaft hin, Rubehn schenkt ihr eine Granatblütengarnitur und auch Melanies Name enthält rot --> rote Accessoires kennzeichnen Melanie als gefühlvolle und liebesbereite Frau
- in der Tiergartenvilla hat Melanie Ruhe vor ihrem Ehemann, vor seinen Liebesbeweisen und Ungeniertheiten
- Ehe funktioniert nur, weil Melanie sich zu zwingen versteht, obwohl sie ein beständiges, stilles Verlangen hat
- ist sehr gebildet: korrigiert Grammatikfehler ihres Mannes, kann Französisch und Italienisch, hat glänzendes musikalisches Talent

- Melanie ist sehr auf Etikette bedacht, ist vollkommene Gastgeberin und fürchtet sich vor gesellschaftlichen Peinlichkeiten durch ihren Mann (er trägt auch erotische Zweideutigkeiten der Ehe in die Öffentlichkeit --> Pfirsichflaum)

Ezechiel van der Straaten

- Van der Straaten („von der Straße") ist provokant, eigensinnig und trotzig
- reicher Großbürger
- Bankier; Spekulant an der Börse
- jüdische Herkunft
- in seinem Charakter festgefahrende Person
- macht seine Frau vor anderen lächerlich
- ist in gewisser Weise Rücksichtslos → wird entschuldigt durch sein Vermögen
- Gesprächstyrann → reißt das Gespräch immer an sich, Fehlen von Van der Straaten im zweiten Teil des Romans führt zu etwas weniger Unterhaltung
- weniger gebildet als Melanie; hat nur Kopien von Gemälden, Vorliebe für drastische Sprichwörter, derb, benimmt sich oft unpassend und unterzogen, hat mehr geschäftliches als persönliches Ansehen
- sagt seit seiner Kindheit durch seinen Reichtum alles, was er zu sagen lustig ist --> typische Charaktereigenschaften eines bürgerlichen Aufsteigers
- ist der Meinung, dass er sich Melanies erotische Zuwendung, durch die Ehe erworben hat --> macht vor Rubehn deutlich, dass er über Melanie verfügt und er scheint an ihr eher als Vorzeigeobjekt interessiert zu sein
- Van der Straaten schimpft über Wagners Opern und bezichtigt dessen „Fans" der Heuchelei und Verhüllung erotischer Interessen. Melanie und Ruben sind beides Wagner-Schwärmmer
- In Kapitel 9 übertreibt es van der Straaten in dem er Melanie nicht nur verlegen macht, sondern sie schämt sich sogar für die anzüglichen Zweideutigkeiten ihres Mannes, auch wenn dieser mit seinen Ehebruch/Flirt/Sexueller Begierde – Anspielungen gar nicht mal so falsch liegt

Ruben

- Sohn eines befreundeten Bankiers, der aus Amerika zurückkommt und in Berlin Fuß fassen will
- Melanie und Ruben interessieren sich für Musik, vor allem für Wagner, doch am Anfang noch keine Spur von persönlicher Zuneigung
- neue Verbindung wird gerettet dadurch, dass Melanie arbeiten geht nachdem es Geldnot gibt und sich Rubens Meinung über Melanie ändert
- neue Rollenentwürfe aber erst ganz am Ende des Romans, davor ist alles wie sonst
- Ruben --> ältester Sohn Jakobs im alten Testament, der Ehebruch mit dessen Zweifrau Bilha begeht

Ehebruch

- Melanie freut sich wenn Van der Straaten nicht mehr da ist

- Kapitel im Boot bei der Landpartie --> Ruderer lässt sie treiben --> deutet auch auf Verlust der gesellschaftlichen Selbstbeherrschung hin --> "Wohin treiben wir"
- Melanie übernimmt teilweise selbst die Führung bei der Einleitung des Ehebruchs --> möchte, dass Rubehn sie nicht mehr Gräfin nennt, ruft ihn beim Spitznamen Ruben
- dann ist Melanie aber wieder typische Frau, die durch die klimatischen äußeren Bedingungen weich wird und Ehebruch begeht --> im Treibhaus: "aber diese weiche, schlaffe Luft machte sie selber weich und schlaff, und die Rüstung ihres Geistes lockerte sich und fiel."
- "Nun wollte sie sich erheben. Aber er litt es nicht und kniete nieder und hielt sie fest, und sie flüsterten Worte, so heiß und so süß wie die Luft, die sie atmeten."

Der Tintoretto: L'Adultera = Ehebrecherin
- Darstellung der biblischen Ehebrecherin, die von den Pharisäern zu Jesus geführt wird in der Absicht, die Sünderin gemäß des Gebotes Mose zu steinigen --> Ehebrecherin kann gerettet werden, weil niemand aufgrund eigener Sündenlosigkeit den ersten Stein werfen kann
- soll Van der Straaten auf seine Zukunft vorbereiten
- Melanie zeigt Mitleid und Sympathie mit der Ehebrecherin auf und bezeichnet das Bild als gefährlich, versteht das Dilemma der Frau von der Gesellschaft für eine Liebe schuldig gesprochen zu werden, für die sie keine Schuld empfindet
- wirft Melanie den Ehebruch nicht unbedingt schon vorzeitig vor, sondern stellt es so hin, als wäre es der natürliche Lauf der Dinge

Abschiedsworte
- Börsensprache --> "Meine Kurse stehen jetzt niedrig, aber sie werden wieder steigen"
- relativ rational und unemotional
- nicht die richtigen Worte um Melanie zum Bleiben zu überreden --> sein Umgang mit ihrer Affäre als wäre es etwas "bagatellmäßiges" missfällt ihr und treibt sie erstrecht von ihm weg --> "Das Geschehene, das wußte sie, war ihre Verurteilung von der Welt, war ihre Demütigung, aber es war doch auch ihr Stolz, dies Einsetzen ihrer Existenz, dies rückhaltlose Bekenntnis ihrer Neigung. Und nun plötzlich sollt' es nichts sein, oder doch nicht viel mehr als nichts, etwas ganz Alltägliches, über das sich hinwegsehn oder hinweggehen lassen. Das widerstand ihr"
- bietet keine Liebe aber eine Art „Versorgungspaket", ein luxuriöses und sorgenfreies Leben, bietet ihr sogar an, das Kind von ihr und Rubehn zu adoptieren --> Melanie weiß aber "keiner kann vergessen"

Ehe zwischen Melanie und Rubehn
- Melanie glaubt, dass sich die gesellschaftliche Stigmatisierung mit der Zeit gibt, weil sie in rechtmäßiger Ehe mit Rubehn lebt --> Anastasia begegnet ihr mit Überheblichkeit, Polizeirat Reiff will sie für van der Straaten ausspionieren, Schwester Jacobine kann sich nicht mit ihr treffen, weil ihr Mann es verbietet --> "daß man sie, nach einem stillschweigenden Übereinkommen, in den Bann getan habe. Sie war tot für die Gesellschaft"

- Unverständnis und Feindseligkeit der Gesellschaft, weil sie dem Bild einer treusorgenden Mutter entgegen ihre beiden Kinder einfach so verlassen hat --> ihre Kinder wollen nichts mehr mit ihr zu tun haben
- auch Unverständnis zwischen Rubehn und Melanie, weil er "ersichtlich bemüht ist, mit Hilfe lebhaften Sprechens einen Schirm aufzurichten, hinter dem er, was eigentlich in ihm vorging, verbergen konnte" --> er glaubt, dass Melanie nicht damit klar kommt, dass sie pleite sind; als er ihr die Wahrheit sagt, ist sie überglücklich, weil sie dachte, sie hätte seine Liebe verloren
- Melanie trägt von nun an für den ehelichen Unterhalt ein und wertet so ihre Position in der Ehe auf und findet auch in der Gesellschaft ihren Platz --> arbeitet als Französischlehrerin
- Ehe funktioniert ab jetzt, weil Probleme miteinander besprochen werden und Rubehn Melanie als Individuum anerkennt

Unbefriedigender Schluss?

- Ende musste viel Kritik einstecken in der Forschung --> zu plötzlich, unmotiviert, zu harmonisch
  - Ende vielleicht aus Publikumsgeschmack?
  - Romanende unterstreicht die Sozialkritik des Romans, da gerade dass Leben von Rubehn und Melanie in der Gesellschaft unerhört ist, da Ehebruch eigentlich bestraft werden muss --> "unter der Überschrift der Versöhnung wird das skandalöse Ereignis einer straffrei ausgehenden und Glück findenden Ehebrecherin geschildert"
  - immerhin hat Fontane damit erreicht, dass über den Roman gesprochen wurde
  - untypisch: glückliches Ende → war schon bei Zeitgenossen umstritten, waren moralisch entrüstet, dass Ehebrecherin straffrei davon kommt
  - auch in der Forschung umstritten: unglaubwürdig und plakativer Schluss, andere sagen, dass es ein mutiger und zukunftsweisender Schluss mit gleichberechtigter Partnerschaft am Ende → Entwurf neuer Geschlechterrollen mit neuem Männerbild
- Konflikt mit den Kindern wird nicht aufgelöst und sie erleben Weihnachten „in ungetrübten Glanz"
- versöhnliches Einvernehmen mit van der Straaten --> schickt Melanie ein Medaillon mit dem Tintoretto
- Melanie meint, dass das Medaillon sie "erinnern und mahnen" soll --> übernimmt so doch noch die Rolle der Ehebrecherin; wie kann sie in ihrer neuen Rolle wieder mit van der Straaten zurecht kommen, der sich nicht verändert hat?
- Ende passt nicht zum zeitgenössischen Diskurs, zwar darf Melanie nicht mehr als Mutter ihrer beiden ersten Kinder fungieren, aber sie wird auch nicht für immer aus der Gesellschaft ausgeschlossen und nicht bestraft --> Text spielt allerdings mit dem traditionellen Ende als Tod der Ehebrecherin, wenn Melanie in Italien krank wird

Graf Petöfy

Inhalt

Schauspielerin Franziska Franz heiratet den 50 Jahre älteren Theaterliebhaber und österreichisch-ungarischen Graf Adam Petöfy, fühlt sich in der leidenschaftslosen Ehe eingeengt und beginnt Affäre mit dem Neffen ihres Mannes, Offizier Egon von Asperg. Graf Petöfy begeht Selbstmord, als er davon erfährt und Franziska möchte ab jetzt enthaltsam und als würdige Nachfolgerin ihres Mannes leben.

Elternbeziehung

- Franziskas Mutter wird im Roman nicht erwähnt, so fehlt ihr eine weibliche Bezugs- und Identifikationsfigur
- Angst vor der Stadt Debreczin durch eine Bildergeschichte, bei der eine Mutter ermordet wird --> deutet auf eigenes Trauma hin?!
- auch Vater, der mittlerweile verstorben ist, ist keine starke Figur --> beschützt sie nicht bei ihrer Jahrmarktsangst, wie auch in der Bildergeschichte kein Kindsvater die Mutter schützt

Petöfy

- traditionsreiche Adelsfamilie aus Österreich-Ungarn --> Katholik
- kaiserlicher Offizier
- Ehe ist ohne Leben und ohne Leidenschaft --> eher Vaterbeziehung zu Franziska
- sagt, er möchte platonische Ehe führen und freut sich, wenn Franziska von anderen umworben wird
- ignoriert Grenzen zwischen Bühne und echtem Leben und möchte sich von Franziska "Störenfriede seiner Ruhe wegplaudern lassen" , engagiert Franziska für seine eigene Eheinszenierung --> auch sein Zimmer deutet das an, mit exotischem Kakadu und Frauenbildern
  - o Sympathisch, rücksichtsvoll
  - o Glaubt nicht an Vorurteile
  - o Theaterenthusiasmus deutet veränderte Interessen des Adels an
  - o Militär und Theaterperson in einer
  - o Durch die Theaterliebe ist Petöfy spielerisch, unverbindlich und immer heiter. Für ihn ist Geburtsüberlegenheit eine Fiktion.
  - o Sieht seine unnatürliche Ehe eher als ein Spiel bzw. Lebensdekoration an
  - o Pakt der Ehe oder...Wie man eine Ehe führt als ob sie keine wäre

Franziska

- norddeutsche Pastorentochter
- Schauspielerin
- Protestantin
- möchte nicht abhängig von Männern sein --> Kindheitserlebnis, Predigt ihres Vaters "Begrabt euer eigen Ich" in der Ehe, davor hat sie am meisten Angst und will deswegen Freiheit

- ist nicht typische Schauspielerinnen, die von den Geschenken ihrer Bewunderer lebt, sondern mit Freundin Hannah in einem bescheidenen Eckhaus
- ist nicht geistig minderbemittelt und überrascht den Grafen, der sie wegen ihrer netten Plauderei heiratet, dass sie der Ansicht ist, dass zur Plauderei auch etwas Ernsthafteres dazukommen muss und sie deswegen ungarisch lernt
- fühlt sich in Schloss Arpa eingesperrt, weil sie "Sonne, Licht und freie Bewegung" liebt, zu wandern und durch urwüchsige Landschaften zu reiten
- hat Sehnsucht nach der Harmonie ihrer Kindertage --> idyllisches Wasser der Heimatstadt kann aber auch bedrohlich werden: Strumflut
- Wasser immer zweischneidig --> hübscher Bach vor dem Schloss, der allerdings bei Regen zu einem reißenden Strom anschwillt und sie von der Außenwelt abschneidet

Egon

- idealtypischer junger Mann
- schneidiger Adjutant, der gut aussieht und Eindruck auf die Damen macht
- bewegungsfreudig --> reitet gerne, springt sportlich über eine Brüstung in der Kur in Öslau und jagt gern
  --> Gegenteil zu Petöfys altersbedingter Unbeweglichkeit
- ist kühl, spricht wie ein "Zahlkellner"
- Franziska findet ihn arrogant, er gefällt ihr aber trotzdem

Ehe

- Konvenienzehe --> Graf will sich seine letzten Jahre durch die unterhaltsame Schauspielerin versüßen lassen; Franziska möchte ihr Dasein in geordneten und gesellschaftlich akzeptierte Bahnen lenken
- nicht nur eine Ehe zwischen Adel und aufsteigendem Bürgertum, Schicht noch weiter auseinander
- Unterschiede scheinen zunächst nicht so bedeutsam --> Franziska nähert sich der neuen ungarischen Heimat an und Petöfy nicht streng gläubig ist ("ich glaube eigentlich nichts"), Franziska zeigt sich dem Katholizismus offen gegenüber, Petöfy ignoriert Vorurteile seines Standes und der Gesellschaft
- es war im letzten Drittes des 19. Jahrhunderts in Mode, sich Schauspielerinnen als Ehefrauen zu nehmen, führte allerdings nicht zur Überwindung gesellschaftlicher Vorbehalte
- Franziska muss Einsamkeit und Langeweile auf Schloss Arpa erdulden, weil die Gesellschaft die Verbindung nicht akzeptiert und deswegen kaum Besuch kommt --> Franziska glaubt nur durch den Ehebruch frei zu sein und dem tristen Alltag zu entfliehen
- Liebesdienste sich (im Unterschied zu l'Adultera) im Ehevertrag bereits ausgeschlossen, wegen Altersunterschied von 44 Jahren oder mutmaßlicher Altersimpotenz --> scheint, als würde Petöfy Franziska außereheliche Affären erlauben, leidet allerdings an dieser Enthaltsamkeit, genau wie Franziska, was dem Grafen später auch klar wird ("halb Sultanin Scheherezade, halb heilige Elisabeth")

- Franziska erläutert schon vor der Ehe das Problem, dass der Graf eine "Plaudertasche" heiraten will, sie aber um ihrer selbst willen bewuner werden möchte und weiß, dass ihr die Unterordnung unter seine eheliche Autorität schwer fallen wird --> heiratet ihn aber aus Ehrgeiz; bezeichnet sich selbst als "beinah berechnend" weil sie die Rolle annimmt, da sie eine Ähnlichkeit zwischen den Fähigkeiten einer Schauspielerin und der Existenz einer Gräfin erkennt
- Petöfy: "mit Hilfe seiner Jahre hat er mit dem kleinen, pausbackigen Gott und seinem Gefolge längst abgeschlossen
- Franziska: "Ein für allemal also, ich habe keine großen Passionen, ganz gewiß nicht, und wenn ich sie vor Jahr und Tag vielleicht hatte, so liegen sie hinter mir"
- In der Ehe gibt es feste Zeiten wann und wo was zu tun ist (gemeinsames Frühstück etc)
- Franziska wird in die Rolle einer Erzählerin gepresst, die sie nicht sonderlich gut findet:
    o „Ich habe dann auch Stoff für den Grafen und kann Konversation für ihn machen (I/775) -> hat was zwanghaftes
    o Bloßes gequatsche reicht ihr nicht aus :" die bloße Causerie reicht nicht aus für unser Leben […] es muss noch etwas ernsthaftes hinzukommen, sonst wird das Scherzhafte bald schal und abständig." (I/791)

Ehebruch

- Franziska ist von Anfang an immer nervös, wenn Egon da ist --> ihre Liebe deutet sich schon früh an, seine nicht
- Franziska will nicht, dass Phemie die Zukunft voraussagen lässt, aus Angst, dass ihre Zuneigung zu Egon offenbar wird?
- Franziska wird rot, als sie von Egon einen Blumenstrauß erhält und fragt sich, ob er schon weiß, dass sie Petöfy heiraten wird
- Egon und Franziska sind keine Seelenverwandten, sondern projizieren auf den Gegenüber erotische Sehnsüchte
- Ehebruch hätte vermutlich nicht statt gefunden, wenn nicht die Todesnahe Situation auf dem See gewesen wäre
- Bootsfahrt wird chaotisch durch gefährliche Strudel --> Franziska wird kalt und fiebrig --> auch im Moment höchster Not, will sie Egons Aufmerksamkeit
- Franziska ist die Passive beim Annäherungsprozess und lässt sich von Egon umgarnen --> ist aber von ihr aus Berechnung gemacht, um ihm das Gefühl zu geben, das er die Macht hat, was aber eigentlich nicht stimmt, außerdem zeigt sie so nach außen, dass sie eine vorbildliche Ehefrau ist
- Franziska hat beständig Angst, dass der Ehebruch auffliegt (Episode mit dem Glasmenschen, dessen innerstes man sehen könnte), möchte nicht mehr mit Egon allein sein
- sieht sich mit Petöfy ein Stück im Theater an, dass genau ihre Situation widerspiegelt und sie wird rot und sie überkommt Schwindel und beinahe Ohnmacht
- Franziska liebt Egon nicht und will auch keine Beziehung mit ihm, er umgekehrt genauso wenig

- Durch die Nahtoderfahrung wird Franzi eine Hingabe zu Egon bewusst . Dies führt dazu, dass Franzi sich nicht mehr nur als ästhetische Dekoration wahrnimmt, sondern eine menschliche Existenz im eigentlichen Sinne mit Abenteuer, Gefahr, Leidenschaft, sinnerfüllter Arbeit und sozialer Verantwortung

Ende

- Graf Petöfy begeht Suizid --> "es kann ein Glück sein, dem Glück anderer die Wege zu bereiten" --> bringt sich nicht aus verletzter Liebe oder rasender Eifersucht um, sondern weil er Franziskas Glück nicht im Weg stehen will --> wie in einem Theaterstück inszeniert er seinen Selbstmord; bringt sich lieber um, als den gesellschaftlichen Ehrverlust zu ertragen (Männer, die einen Ehebruch hinnehmen, werden geringer geschätzt, er will Franziska aber auch nicht umbringen)
- Suizid genau einen Tag vor dem jährlichen Ball, auf dem er Franziska in die Gesellschaft eingeführt hatte vor einem Jahr und auf dem ihn der Selbstmord eines Freundes tief bewegt hatte
- Ehebruch Franziskas wird nie öffentlich
- "Ich will nun Pflichten leben. Es soll dies nicht bloß mein Wittum sein, es soll auch mein Wirkungskreis sein." --> caritative Unterstützung von Armen und Bedürftigen gehört im 19. Jahrhundert zu den Aufgaben verwitweter Edeldamen --> eigentlich passt diese Rolle nicht zu ihrer Persönlichkeit; das Ende kann also nicht als Emanzipierung Franziskas gesehen werden
- Frauensolidarität am Ende des Romans --> Hannah, Franziska, Gräfin Petöfy und Maria

Unwiederbringlich

<u>Inhalt</u>

lebenslustiger Graf Helmuth Holk trennt sich nach vielen glücklichen Ehejahren von seiner
ernsten und religiösen Gattin Christine, nachdem er diese mit dem geheimnisvollen
Hoffräulein Ebba von Rosenberg betrogen hat. Ebba lehnt seinen Heiratsantrag ab und Holk
kehrt reumütig zu Christine zurück, Das Glück ist jedoch unwiederbringlich verloren und
Christine begeht Selbstmord

<u>Ehe</u>

- entgegen der üblichen Konventionen → Liebesheirat zwischen Holk und Christine →
  sind beide vorher schon Adelig und keiner heiratet um seinen Stand zu verbessern,
  aber trotzdem Heirat innerhalb der Standesgrenzen
- leben die ersten Jahre sehr glücklich miteinander: dann kommen erste
  Meinungsverschiedenheiten, die der Ehe aber noch nicht wirklich etwas anhaben
  können:
- *„Die herzlichste Neigung, die beide vor einer Reihe von Jahren zusammengeführt
  hatte, bestand fort, und wenn es namentlich in Erziehungs- und religiösen Fragen
  auch gelegentlich zu Differenzen kam, so waren sie doch nicht angetan, den Frieden
  des Hauses ernstlich zu gefährden" (S. 8)*
- zu dieser Zeit gibt es noch Gemeinsamkeiten, allen voran die Kinder um die man sich
  kümmern muss
- erste Differenzen zeigen sich im Roman: Christine sieht Holk als Kopenhagener, zum
  Königshof gehörig, was sie selbst ablehnt, da dort keine echten Tugenden mehr sind,
  sie selbst steht in der Tradition der preußischen Tugenden
- Probleme werden deutlicher, vor allem weil Holk sich jetzt wehrt anstatt immer nur
  den Mund zu halten
- Ehebruch mit Ebba von Rosenberg rechtfertigt Holk wegen der fehlenden
  Leidenschaft seiner Frau --> *"Christine hat mich von sich weg erkältet, eine Frau soll
  eine Temperatur haben, ein Temperament und Leben und Sinne. Was soll ich mit
  einem Eisberg"*
- Doppelmoral von Holk --> Liebt seine Frau als Madonna und will sie so haben, will
  aber gleichzeitig auf "Fleisch und Blut" nicht verzichten und entschuldigt durch die
  Entsagung seinen Ehebruch
- Holk holt sich durch den Ehebruch seine verlorenen Männlichkeit zurück

<u>Streitpunkt</u>

- *„Früher war dies alles nur ein stiller Wunsch gewesen, kaum zugestanden, seit einiger
  Zeit aber hatte der Wunsch doch auch sprechen gelernt; es kam zu
  Auseinandersetzungen." (S. 8)*
- Problem: Sie streiten sich nicht nur über ihre Meinung zu unterschiedlichen Themen,
  sondern auch darüber über welche Themen es sich zu reden lohnt; Christine möchte
  über Religion und Erziehung reden, Holk über Landwirtschaft und Neubauten und
  keiner hat Lust sich die Themen des anderen anzuhören

- Holk spricht über neue Ställe, die er bauen will und Christine drückt ihr grundsätzliches Desinteresse an der Sache aus und zeigt auch, dass sie solche Themen gar nicht für wert genug hält sie zu besprechen, schon gar nicht, wenn ein Pfarrer dabei ist, sie möchte lieber ein religiöses Gebäude bauen → das vormalige Sachgespräch wandelt sich zu einem Beziehungsgespräch (Was bist du wieder so bitter..)
- Christine ist enttäuscht darüber, dass sie Holk gegenüber so grundsätzliches immer wieder erwähnen muss; er wiederum ist dann auch enttäuscht, dass sie sich für seine Themen nicht interessiert, sind gegenseitig der Themen des anderen überdrüssig → grundlegende Charakterunterschiede sind Grundlage ihrer Differenzen und dass sie nicht miteinander reden können, es gibt keine Rücksichtnahme auf die Meinung und die Interessen des anderen

Holk

- schöner Mann
- hat eine Baupassion und baut neues Schloss auch deshalb, weil er im alten Schloss nach dem Tod von Estrid überall nur noch Tod und Verderben fühlt --> neues Schloss wird im südlich-heiteren Stil der klassischen Antike errichtet
- Holk leidet unter der „Vorzüglichkeit" seiner Frau und wünscht sich manchmal eine weniger vorzügliche: *„Holk, so gut und vortrefflich er war, war doch nur durchschnittsmäßig ausgestattet und stand hinter seiner Frau, die sich höherer Eigenschaften erfreute, um ein beträchtliches zurück"(S. 8)*
- *„Er hat sich angewöhnt, sich seiner Frau gegenüber immer in die zweite Linie zu stellen. Natürlich. Erst imponierte ihm ihre Schönheit, und dann imponierte ihm ihre Klugheit oder doch das, was er dafür hielt, und dann imponierte ihm, und vielleicht am meisten, ihre Frömmigkeit."(S. 33)* --> Holk überhöht Christine so weit, dass er ihr damit aber auch die normale Weiblichkeit nimmt, sie wird unerreichbar für ihn → Holk hat Christine für etwas geheiratet, ihre Frömmigkeit, was ihn mittlerweile stört
- Holk wird von Christine als *„schwach und eitel", (S. 57) „leichtlebig und schwankend und wandelbar" (S. 45)* beschrieben → wirft ihm vor, seine väterliche Fürsorgepflicht gegenüber seinen Kindern zu missachten und ihr allein deren moralische Erziehung sowie die verantwortungsvolle Aufgabe zu überlassen, geeignete Bildungsanstalten ausfindig zu machen → In dieser Kritik wird deutlich, dass sich Christine einen Mann wünscht, der dieselbe weltabgewandte Tugendhaftigkeit und pflichtbewusste Standfestigkeit hat wie sie selbst
- "denkt immer nur an den Augenblick und nicht an das, was kommt" --> im Gegensatz zu Christine
- oberflächlicher Möchtegern-Lebemann, eher Leichtsinnig und gedankenlos (Asta sagt etwas in die Richtung von ihrem Vater, dass er nie richtig an sie denkt) leichtlebig, schwankend, wandelbar, selbstverliebt → sieht sich als Opfer, das nicht anders handeln kann als seine Frau zu betrügen

Christine
- Christine ist streng gläubig, was von Holk mehr und mehr verspottet wird → Christine traut sich einmal nicht ihm von ihren Plänen für eine neue Familiengruft zu erzählen aus Angst vor Ablehnung (S. 11)
- *„[Man] lebt nicht um Vergnügen und Freude willen, sondern man lebt, um seine Pflicht zu tun. [...D]enn daran [hängt] Glück und Seligkeit"* (S. 53) --> Christines Grundsatz → sie denkt immer an die Erfüllung ihrer Pflicht mit Blick auf die Zukunft und wirft Holk deswegen vor, dass er keine solchen Prinzipien hat und nur *„an den Augenblick und nicht an das, was kommt"* (S. 11) denkt
- *„Und dann, während ich lese oder auch nur so tue, seh' ich oft über das Buch fort und freue mich über sein gutes, liebes Gesicht und möchte auf ihn zufliegen und ihm sagen: >Bester Holk<. Sieh, Julie, das kommt auch vor; aber niemand sieht es und niemand hört es."* (S. 65) --> Christine hat noch Gefühle, kann sie aber nur sehr selten ausdrücken und will es vielleicht auch nicht, Superlativ „bester" zeigt wieder Christines Perfektionsstreben, dem Holk nicht gerecht werden kann → ihr fehlt *„das Maß der Dinge"* (S. 58) wie ihr Bruder Arne über sie sagt
- Holk kritisiert Christines *„Rechtgläubigkeit, [aufgrund welcher] sie natürlich nicht auf den Gedanken [kommt], daß sie, gleich anderen, auch irren könnte"* (S. 191)
- *„Du hast nichts von Licht und Sonne. Dir fehlt alles weibliche, du bist herb und moros..."* (S. 226) --> Holk spricht Christine jegliche Weiblichkeit und jegliches partnerliche Verständnis ab
- steht zwischen zwei Frauenbildern, einerseits die fromme züchtige Frau, aber andererseits hat sie auch eine versteckte Erotik in sich, die sie nicht ausleben kann, auch Holk spricht ihr mit seinem Bild jegliche erotische Weiblichkeit ab
- Christine hätte gerne einen Mann, der so ist wie sie selbst
- betrachtet Holk als verweiblichten Lebemann --> Eigenschaften, die sie ihm zurechnet sind primär weiblich
- wird sogar vom Geistlichen Schwarzkoppen als stur und unerbittlich bezeichnet und kann so keinen Schritt Holk entgegenkommen
- Christine hat eher männliche Eigenschaften: ist aktiv, nicht unterwürfig, selbstbewusst und setzt sich durch
- fromme Pietistin mit strengen moralischen Grundsätzen, melancholisch, ernst, selbstgerecht, sentimental (wurde aber auch so erzogen → Gespräch zwischen Arne und Christine)
- zunächst sentimental, was sich im Laufe des Romans bis hin zu einer Depression verstärkt

andere Frauenfiguren
- bereits seit der Antike verführende Frauenfiguren in der Literatur --> Sirenen oder Melusinen, werden von Männern geliebt und gefürchtet und meist einem schwächeren Mann gegenüber gestellt, wie Holk

Brigitte Hansen
- klischeehaftes Weiblichkeits-Bild, das Holks Phantasie nach einem abwechslungsreicheren Leben anregt
- inszeniert sich als Bild im Stil eines niederländischen Malers des 17. Jahrhunderts --> zeigt so den Norden
- zeigt auch den Süden, wenn sie sich kleidet wie in der Antike --> Holk findet sie schön und unheimlich zugleich
- Holk bemerkt, dass Brigitte alles aus Berechnung tut und sich selbst inszeniert und dass sie so deutlich zeigt, dass sie ihn verführen möchte, mindert sie Gefahr für Holk wieder

Ebba von Rosenberg
- hatte Affäre mit dem jüngsten schwedischen Königssohn
- entstammt einem Meervolk --> blaue Augen, blondes Wellenhaar
- verkörpert die Göttin Venus
- wird als "Sprühteufel" bezeichnet und als "Rakete"
- "klug und espritvoll"
- zwar schöne Figur und Teint, aber keine regelmäßigen Züge, was sie durch ihr Auftreten kompensiert
- spricht offen über Liebesverhältnisse und findet diese das, was das Leben interessant macht
- ist sehr selbstbewusst und spielt mit Holk, was dieser auch bemerkt
- Namensverwandtschaft mit Eva
- Ebba werden die Elemente Wasser und Feuer zugeordnet

Ehebruch
- „Trotz aller Liebe – seine leichtlebige Natur und ihre melancholische, sie stimmten nicht recht mehr zueinander, was ihr diese letzte Zeit, trotz allen Ankämpfens dagegen, mehr als einmal und leider in immer wachsendem Grade gezeigt hatte." (S. 28)
- können sich dem anderen gegenüber nicht mehr anders verhalten, denn ihre stark unterschiedlichen Charaktere passen nicht mehr zueinander, keiner kann mehr Rücksicht für den anderen aufbringen
- Steigerung zur nicht mehr stattfindenden Kommunikation dadurch, dass sie sich nur noch Briefe schreiben nachdem Holk in Kopenhagen angekommen ist
- Tausch der Geschlechterzuschreibungen Holk und Ebba unternehmen eine gefährliche Schlittschuhfahrt Richtung Meer, weil Holk eifersüchtig auf die Offiziere ist, die Ebba begleiten sollen --> "Er ergriff ungestüm ihre Hand und wies nach Westen zu, weit hinaus, wo die Sonne sich neigte. Sie nickte zustimmend und beinahe übermütig, und nun flogen sie der Stelle zu, wo sich der eisblinkende, mit seinem Ufern immer mehr zurücktretende Wasserarm in der weiten Fläche des Arresees verlor"
- "Aber im selben Augenblicke, wo sie durch eine Reihe von kleinen Kiefern als letzte Sicherheitsgrenze bezeichnete Linie passieren wollten, bog Holk mit rascher Wendung rechts und riß auch Ebba mit sich herum. "Hier ist die Grenze, Ebba. Wollen wir

darüber hinaus?" Ebba stieß den Schlittschuh ins Eis und sagte: "Wer an zurück denkt, der will zurück. Und ich bin's zufrieden." --> zeigt, dass Holk unschlüssig ist, ob er den Ehebruch tatsächlich begehen soll

- Holk ist eher der passive beim Ehebruch (wie Franziska)
- Holk will die Affäre in den "einzig sicheren Hafen" der Ehe einmünden lassen
- nach dem Ehebruch ist Holk weiterhin mit weiblichen Attributen gekennzeichnet, er hat Angst, als es an der Tür klopft, Ebba nicht, sie will, dass Holk wegen dem Qualm mit hinaus kommt, er versteckt sich aber lieber in seinem Turm, damit der Ehebruch nicht auffliegt --> "Der Tor, er will meinen Ruf retten, oder vielleicht auch seinen, und bringt sich um und mich mit"
- Holk bei der Rettung nicht wirklich ein Held, weil Karin Rettung holt
- Holk behauptet, Christine hätte in ihren Briefen deutlich gemacht, dass sie sich trennen müssten --> rechtfertigt so seinen Ehebruch und dass er Ebba heiraten will
- Holk deutet die Rettung vor dem Feuer als Zeichen, dass der Ehebruch in Ordnung war und nicht als Warnung sich von Ebba fernzuhalten
- Holk kann nicht mit Ebba über seine Pläne sprechen, weil sie anscheinend krank ist --> Inszenierung Ebba, erst um Aufmerksamkeit zu bekommen und dann um Annäherungsversuche von ihm abzuwehren
- Holk trennt sich schließlich von Christine, ohne die Zeichen zu deuten, dass er weder von Ebba, noch von der Prinzessin seine Zustimmung hat

Der Brief als Kommunikationsmedium
- Bei Fontane sind Briefe ein Hauptkommunikationsmedium neben und als Ersatz für die mündliche Unterhaltung.
- Der Brief ist eine BEWUSST gewählte Alternative zum Gespräch.
- Briefe weisen nicht nur eine räumliche und zeitliche Trennung der Verständigung auf, sondern auch eine innere Trennung.
- --> Fontane setzt mit ihnen sichtbare Zeichen, die gestörte Kommunikation spiegeln.

Grenzen der Kommunikation:
- Das geschriebene Wort erhält Eindeutigkeit durch seine Fixierung → es erlang eine endgültige Bedeutung
- Keine **Gleichzeitigkeit** des Sprechens. Das gesprochene Wort wird im Unterschied zum Dialog verdichtet und fixiert.
- Der Schreiber nimmt die zukünftige Antwort des Empfängers schon vorweg. Er korrespondiert mit seinem eigenen Produkt. Beide Schreiber monologisieren und beanspruchen für ihr Sprechen eine objektive Wahrheit
- **Räumliche Trennung:** Getrennte Lebensbereiche der Partner vergrößern die innere Kluft. Es gibt keine äußere Einheit mehr, die die Distanz kaschieren kann
- **Perspektive:** Für Verständigung ist es nötig, die Subjektivität zu überwinden.
- Beide Seiten sind nicht in der Lage, die Perspektive des Partners zu verstehen oder ihre eigene Begrenztheit zu erkennen.

Briefwechsel zwischen den Ehepartnern

Holk an Christine

- fällt Holk schwer, zu schreiben; mangelnde „Briefschreibepassion"
- viel Raum im Brief für Beschreibungen und Eindrücke von Brigitte Hansen und Ebba von Rosenberg
- wenige Raum für Gedanken an seine Familie
- Wille zur Verständigung noch gegeben, aber Zeichen Holks werden nicht verstanden; Bilder der anderen Frauen sieht Christine als Provokation

Antwort Christines an Holk

- Holks freudige Erwartung des Briefes mündet in Enttäuschung:
- Vorwurf: Interesse Holks gilt nur dem Hofleben

⇨ Briefe können eigene Begrenztheit nicht überwinden, eigene Begrenztheit wird verkannt

⇨ Jeder beansprucht vom andren Verständnis für seine Situation durch Änderung des anderen, eigenes Bild nicht in Frage gestellt

Arne als Vermittler

Arne an Holk

- weitere Kommunikation der Eheleute über die Vermittlung von Arne
- Bitte an Holk um verständnisvollen Brief; möchte neue Kommunikationssituation schaffen

Holk an Arne

- Antwort gleicht einer Verteidigungsrede, *„fast so doktrinär wie Christine"* (S.191)
- eigenes Fehlverhalten wird größtenteils gerechtfertigt:

    „...will aber im Gegensatze dazu einräumen – und das ist das einzige Zugeständnis, das ich machen kann –, daß mir in meiner Korrespondenz mit Christine der richtige Ton schließlich verlorengegangen ist. Von dem Augenblick an, wo man sich beargwohnt sieht, ist es schwer, in Ton und Haltung korrekt zu bleiben..." (S.191)

- zieht sich aus direkter Kommunikation zurück; legt Aussöhnung in Arnes Hände

Das Schweigen Christines

- Suizid als vollendete Sprachlosigkeit
- Abschiedsbrief an Holk ist leer
- Stattdessen: zerknittertes Papier mit Lied von Elisabeth Peterson, auf dem die letzten Zeilen *„kaum sichtbar unterstrichen"* sind
- fremde Worte eines Liedes als letzte Korrespondenz

Ende

- Holk und Christine heiraten erneut und Holk findet seinen Weg zurück in die Gesellschaft, da sich "alle befreundeten Familien von nah und fern her versammeln" --> neue Eheschließung wird sehr harmonisch, auch landschaftlich, gezeigt

- eine Monate geht alles gut --> "man lebte sich zu Liebe, sah viel Gesellschaft (mehr als sonst) und machte Nachbarbesuche, bei denen es vonseiten Holks an Unbefangenheit und guter Laune nie gebrach"
- Arne und Julie bemerken aber, dass Christine nicht glücklich ist, sondern nur versucht glücklich zu sein --> "Friede herrschte, nicht Glück"
- "es wird ängstlich all das vermieden, was den Frieden hätte stören können, das Abbrechen im Gespräch, wenn doch einmal ein Zufall ein heikles Thema heraufbeschwor"
- beide haben sich in ihrer Persönlichkeit nicht geändert, also kann die Ehe gar nicht gut gehen
- dann begeht Christine Selbstmord, indem sie sich ins Meer stürzt
- Begräbnis wird ähnlich gezeigt, wie die Hochzeit --> diese deutete bereits darauf hin, was geschehen würde
- Selbstmord doch eigentlich entgegen dem Glauben von Christine --> Ausdruck ihrer psychischen Erkrankung

Effi Briest

<u>Inhalt</u>

junge, temperamentvolle Effi heiratet älteren und nüchternen Jugendfreund der Mutter, Baron Geert von Instetten und sucht Ablenkung in einer Affäre mit den draufgängerischen Major Crampas. Nachdem ihr Ehebruch bekannt wird, wird sie aus der Ehe, Familie und Gesellschaft verstoßen, findet bei ihren Eltern doch noch Zuflucht und stirbt an Lungentuberkulose.

<u>Wahre Geschichte</u>

- Ende der 1880er Jahre --> Ehepaar von Ardenne
- Frau begeht Ehebruch mit dem Amtsrichter Hartwich
- Unterschied: Ardennes hatten keinen solch gravierenden Altersunterschied und Frau stirbt erst mit 99 Jahren

<u>Elternbeziehung</u>

- Luise und Effi haben enges Verhältnis --> Effi heiratet Jugendfreund der Mutter, mit dem sie eine kurze Beziehung hatte, dann aber, weil Instetten damals kein Geld hatte, den sozial überlegenen Ritterschaftsrat von Briest heiratet
- Luise möchte ihre verhinderte Liebe durch ihre Tochter ausleben --> Effi will ihrer Mutter gefallen und so sein wie sie und ist so wie ihre Mutter in einer Kovenienzehe gefangen, während ihre Mutter sich den Ehebruch allerdings nur erträumt, vollzieht Effi ihn wirklich
- Effis Mutter befiehlt ihr die Heirat mit Innstetten zwar nicht, aber sie legt es ihr auf das eindringlichste Nahe, da Effi ja ein kluges Mädchen ist weil Innstetten reich und angesehen ist
- Effis Beziehung zum Vater ist weniger eng und dieser kann sich der Mutter gegenüber nicht wirklich durchsetzen --> fragt sich zwar immer wieder, ob die Ehe von Instetten und Effi ein Fehler war, kann daraus aber keine Konsequenzen für Effi ziehen
- Effis Vater sieht den Konflikt schon im Voraus --> bezeichnet Innstetten als Kunstfex und Effi als Naturkind

<u>Ehe</u>

- man hört Effi nie wirklich einer Heirat zustimmen --> erst "sucht sie nach einer Antwort" und zu Beginn des nächsten Kapitels ist bereits beschlossen, dass sie Innstetten heiratet
- typische ökonomisch-gesellschaftliche Eheschließung zwischen aufstrebendem Beamten Innstetten (der nicht so viel Geld hat) und alten Landadeligen Effi (die so ihr gesellschaftlichen Ansehen verbessern kann, wie ihre Mutter ihr erklärt) --> sind zwar beide Adelig, aber Innstetten kommt aus landloser Schicht des Militär- und Beamtenadels
- Wesensverschiedenheit führt zu innerer Verzweiflung und gesellschaftlicher Verarmung Effis, bis sie glaub in Crampas ihren "Trost- und Rettungsbringer" gefunden zu haben
- Leidenschaft (wie bei l'Adultera) nur Teil der ehelichen Vereinbarung

- Effi heiratet aus eigenem Nutzen --> Sie weiß nicht was Liebe ist, und will sie auch gar nicht wirklich haben
- Effi ist noch ein Kind und wird selbst als Mutter nicht erwachsener, Innstetten steht mit 38 voll im Berufsleben
- Effi ist nicht sehr gebildet (Literatur, Kunst) und interessiert sich nicht für Musik, Architektur. Sie meidet tiefgängige Gespräche über Politik und Religion, sondern ist eher für flache, kurze Anekdoten --> Effi ist sehr oberflächlich
- Effi will nicht über Innstettens Berufsleben sprechen -> sie ist nicht die neue Art von Frau, welche ihren Mann psychisch für das Arbeitsleben unterstützt
- Das Kind ist ebenfalls keine Verbindungsmöglichkeit der Ehe
- Einzige Gemeinsamkeit ist das Streben nach gesellschaftlicher Anerkennung
- Effi taugt nicht zur Mutter -> übergibt die Verantwortung einer Gouvernante
- Sie geht ohne Reue fremd, da sie nicht aus Liebe geheiratet hat
- Effi hofft zwar auf eine Ehe mit Liebe und Zärtlichkeit, aber ein Haus und Reichtum sind auch nicht schlecht
- Effi setzt Liebe mit „sich um sie Kümmern" gleich, daher nimmt sie an, dass sie Innstetten liebt.
- Liebe in einer Ehe ist zwar von beiden gewünscht, aber es gibt wichtigeres.
- Für Effi ist Innstetten zwar fürsorglich, aber zu Karriereorientiert und Innstetten schwankt zwischen seiner privaten Liebe zu Effi und dem öffentlichen Handeln (er kann das Haus nicht verkaufen, weil es spukt -> würde sich lächerlich machen)

<u>Effi</u>
- Landadelige, die fernab der konventionellen Etikette aufwächst
- undamenhaft und wild --> wilde Turnübungen, klettert auf Bäume, schaukelt gerne --> überfordert mit ihrer Rolle als Landrätin
- naiv
- glaubt von einem spukenden Chinesen verfolgt zu werden --> Symbol für ihre Unzufriedenheit --> hat Angst vor Innstettens Zärtlichkeit, dessen Leidenschaft ist aber, wie die Braut des Chinesen, durch Luises Zurückweisung gestorben und er ist seiner Frau gegenüber "frostig wie ein Schneemann" und ergeht sich nur in "etwas müden Zärtlichkeiten"
- gefühllos? --> Luise sagt, dass sie Liebe nicht empfindet und Effi bemerkt, dass mit ihrer Seele etwas nicht in Ordnung ist, weil sie keine Reue wegen ihrem Ehebruch empfindet
- Sehnsucht nach leidenschaftlicher Sexualität --> exotisches Mobiliar, das sie sich wünscht --> aber nur der Chinesenspuk bleibt von fernöstlichen Motiven übrig
- Effi (wie Franziska) hat bereits während ihrer Kindheit eine Gefahrlust und Todessehnsucht --> "Am liebsten hatte sie wie früher auf dem durch die Luft fliegenden Schaukelbrett gestanden und, in dem Gefühle "Jetzt stürz ich", etwas eigentümlich Prickelnden, einen Schauer süßer Gefahr empfunden."

Innstetten

- Fontane beschreibt mit Innstetten den damals perfekten man (der aber nicht besonders gut beim Publikum ankam)
- wie ein Ersatzvater für Effi --> bezeichnet sie immer als Kind --> Ehe ist so leidenschaftslos und macht Effi anfällig für die Affäre mit Crampas
- will, dass Effi ihn als seine Frau repräsentiert, um seine Karriere voranzutreiben
- "war lieb und gut, aber ein Liebhaber war er nicht"
- öffentliche Seite
    - Nüchtern, sachlich, zuverlässig, korrekt
    - Seine Maxime ist das moralische Handeln
    - Ohne Gesetz und ohne Zucht und Ordnung geht es nicht
    - Ausgeprägtes Pflichtgefühl gegenüber dem gesellschaftlichen Ganzen
- private Seite
    - Heiratet trotz geltender Regeln Effi nur aus persönlichen Neigungen
    - Heiratet nicht aus „Nutzen" Effi, sondern weil es die Tochter seiner Jugendliebe ist = wird schon gut sein
    - Effi = Ersatzliebe
    - Innstetten ist emotional wie gebannt von Effis unbekümmerter und unverbildeter Natürlichkeit -> Sie ist Gegenteil von vernunftorientierten Gesellschaftsleben --> Innstettens Wunsch nach einer Karrierebegleiterin und seine Liebe zu Effi passen aber nicht zueinander
    - Innstetten steht im Konflikt mit sich selber (privat vs. Öffentlich)

Major Crampas

- will tristem Alltag entfliehen mit seinen Verhältnissen
- "Mann vieler Verhältnisse", "Damenmann"
- versteht weibliche Sehnsüchte
- Kavalier
- will unbeschwertes Amüsement, auch außerhalb einer Ehe --> "Abwechslung ist des Lebens Reiz, eine Wahrheit, die freilich jede glückliche Ehe zu widerlegen scheint"
- "Muss denn alles so furchtbar gesetzlich sein? Alle Gesetzlichkeit ist langweilig"
- Crampas erzählt Effi kleine, anrüchige Geschichten, die sie von Innstetten nie zu hören kriegen würde

Ehebruch

- Effi hofft in Crampas einen "Trost- und Rettungsbringer" zu finden, der sie vom ehelichen Spuk befreit
- Crampas sorgt zunächst für Ablenkung, dann reitet er mit Effi und Innstetten aus, bis dieser nicht mehr mit kann, weil er seine Wahl vorbereiten muss, dann sind Effi und Crampas nur von zwei Dienern begleitet am Strand --> stellt Innstetten als ernsten, zugeknöpften Kriegskameraden und Außenseiter, entlarvt den Chinesenspuk, was Effi sehr wütend macht

- Ehebruch bei einer Schlittenfahrt über die Untiefen des Schloon --> Effi ist einer Ohnmacht nage
- Ehebrecher Crampas ist die treibende Kraft hinter dem Ehebruch, Effi ist eher passiv, sehnt sich aber dennoch nach ihm --> "Von Crampas war kein Weihnachtsgruß eingetroffen; eigentlich war es ihr lieb, aber auch wieder nicht, seine Huldigunen erfüllten sie mit einem gewissen Bangen, und seine Gleichgültigkeit verstimten sie; sie sah ein, es war nicht alles so, wie's sein sollte."
- "Effi", klang es jetzt leis an ihr Ohr, und sie hörte, daß die Stimme zitterte. Dann nahm er ihre Hand und löste die Finger, die sie noch immer geschlossen hielt, und überdeckte sie mit heißen Küssen. Es war ihr, als wandle sie eine Ohnmacht an."
- Effi liebt Crampas aber nicht --> flüchtet sich durch ihn nur aus ihrer Langeweile
- Effi ist nach dem Ehebruch krank, um gesellschaftlichen Festen fernbleiben zu können und ihre emotionale Niedergeschlagenheit vor Innstetten zu rechtfertigen
- Effi übernimmt (wie Franziska) im Abschiedsbrief alle Schuld des Ehebruchs auf sich und gesteht Crampas wegen seiner depressiven Frau einen solchen zu --> gesteht sich aber in Berlin, dass sie sich nicht schuldig gegenüber Innstetten fühlt, weil sie ihn nie geliebt hat, sie hat "Todesangst", dass der Ehebruch eines Tages heraus kommt
- Effi verzweifelt daran, dass sie keine Schuldgefühle hat --> "dann ist etwas nicht in Ordnung in meiner Seele, dann fehlt mir das richtige Gefühl"
- "Schloon" symbolisiert die weibliche Sexualität --> "Dieser Schloon ist eigentlich bloß ein kümmerliches Rinnsal, das im Winter zu einem Sog wird"

Chinese
- macht Effi Angst und wird von Innstetten als "Angstapparat" benutzt
- Innstetten sieht die Spukgeschichte als Möglichkeit sich interessant zu machen und sich zu adeln
- Innstetten bemerkt nicht, dass Effi wirklich große Angst hat und sieht das nicht so eng, denkt wie immer nur daran, was die Gesellschaft denken könnte, wenn sie wegen einem Spuk aus ihrem Haus ausziehen

wichtige Szenen
- Effis Zusage zum Antrag
- Effis Entscheidung zum Ehebruch
- Innstettens Trennung von Effi und das Duell
- Augenblicke der Entscheidung wird nicht besprochen
  - Zeitliche Lücke
  - Diskretion
  - Nur Außenperspektive
- Aber es gibt die Entscheidungsvorgänge einfach nicht, da jeder nach den gesellschaftlichen Regeln funktioniert.
- Die Ehe wird von äußeren Gegebenheiten (Gesellschaft) bestimmt, da jeder einzelne nach gesellschaftlichen Normen handeln muss (Effi sagt Ja, Innstetten muss sich scheiden)

<u>Ende</u>

- Innstetten stellt seine verlorene Ehre durch ein siegreiches Duell mit Crampas wieder her und verstößt Effi --> "Man ist nicht bloß ein einzelner Mensch, man gehört einem Ganzen an, und auf das Ganze haben wir beständig Rücksicht zu nehmen, wir sind durchaus abhängig von ihm. Ging' es, in Einsamkeit zu leben, so könnt' ich es gehen lassen. Jenes uns tyrannisierende Gesellschafts-Etwas, das fragt nicht nach Charme und nicht nach Liebe und nicht nach Verjährung. Ich habe keine Wahl. Ich muss."
- obwohl Innstetten Effi liebt und ihr eigentlich verzeihen will und gar kein Rache oder Hass Gefühl hat, handel er, wie die Gesellschaft es erwartet
- Effi wird, typisch für das 19. Jahrhundert, als schuldige Ehebrecherin nicht inden Prozess der Ehescheidung eingebunden
- Effi wird aus der Gesellschaft ausgeschlossen und lebt ein Leben in Langeweile und gesellschaftlicher Isolation, was völlig gegen ihren Charakter geht --> "Sie, ich müßte so viel zu tun haben, daß ich nicht ein noch aus wüßte. Das wäre was für mich." --> sie würde am liebsten in einem Verein jungen Mädchen das Nähen usw. beibringen, aber wird von den Damen dort nicht angenommen und so ist es ihr sogar verboten etwas Gutes zu tun
- Effi wird nicht (wie Melanie) zu einer selbstständigen Frau, die arbeitet --> sie ist zu sehr Adlige ohne fundierte Bildung und erlebt die Situation vieler geschiedener Frauen, die Jahrelang nur Repräsentationspflichten hatten
- Effis Eltern nehmen sie kurz vor ihrem Tod doch noch zuhause aus, was sie vorher aus gesellschaftlichen Gründen nicht wollten
- bevor Effi stirbt, gibt sie Innstetten in allem Recht, da er ja nicht anders handeln konnte
- Effis Eltern fragen sich, ob sie nicht doch vielleicht Schuld sind und auch Innstetten sie sein Leben als verpfuscht an
- Hätte Innstetten die Affäre nicht veröffentlicht, hätte er Effi verzeihen können und alles hätte gerettet werden können.

Insgesamt

- Fontane kritisiert zwar einige gesellschaftliche Normen mit seinen Romanen, geht aber nicht so weit sie vollständig zu verurteilen
- seine Figuren sind immer individuelle Einzelpersonen, die durch eine Verkettung von Umständen in bestimmte Situationen geraten, in denen die gesellschaftliche Norm vielleicht nicht komplett passt
- aber den Figuren werden auch immer Personen zur Seite gestellt, die entgegen der Norm bei ihnen bleiben --> Dienstmädchen Anastasia, Hannah, Julie und Roswitha, Pfarrer oder Hund Rollo